Hirnsturm und Herzsalat

Anna Wiese

Hirnsturm und Herzsalat

Bibliografische Information der Deutschen Nationalbibliothek:
Die Deutsche Nationalbibliothek verzeichnet diese Publikation in der Deutschen Nationalbibliografie; detaillierte bibliografische Daten sind im Internet über http://dnb.dnb.de abrufbar.

© 2016 Anna Wiese
Illustration: Anna Wiese

Herstellung und Verlag: BoD – Books on Demand, Norderstedt

ISBN: 978-3-7412-8611-7

Hast du Freunde, die zu dir stehen,
mach dir die Mühe, zu Ihnen zu gehen.
Wenn sie stolz auf dich sind,
sei' du auch auf sie stolz –
mach, dass das Leben beginnt.
Jeder Tag bringt neue Abenteuer,
denk' daran Freunde sind teuer.

Ich lausche dem Regen,
wenn er spricht.
In meinem Leben,
ist er so wie Licht.
Er hilft mir hoch,
er gibt mir Kraft,
hätte nie gedacht,
dass er hat so viel Macht.

Bald ist es so weit,
wenn es draußen schneit.
Der Plätzchenduft liegt in der Luft,
raus aus der Alltagskluft.
Alles glänzt im Weihnachtsschmuck,
jeder Tag ganz ohne Druck.

Jetzt ist sie gekommen,
was wir wohl bekommen?
Alle sind gespannt,
hast du sie erkannt?
Ja es ist die Weihnachtszeit,
Frohe Weihnacht' weit und breit.

Die Sonne scheint,
wie man meint.
Es ist ein herrlicher Tag,
so dass ich ihn mag.
Man hört die Musik erklingen,
und auch die Kinder hört man singen.

Es strahlt mir ins Gesicht,
am Himmel das helle Licht.
Ein Lächeln macht sich breit,
ich spür' Zufriedenheit.
Der Dampf über den Straßen,
die Wolken über' n Himmel rasen.

Bist du irgendwo neu,
so bleib' dir treu und sei' nicht scheu.
Sei' offen, geh' auf die Menschen zu,
meist sind sie nicht viel klüger als du.
Das ist das Geheimnis des Lebens,
des Nehmens und des Gebens.

Viele sagen Freunde für' s Leben,
dabei muss man so viel geben.
Nicht alle Freunde bleiben dir,
genauso wenig mir.
Man muss sie pflegen so oft man kann,
dann bleiben sie dir lang.

Gib dir die Mühe bei ihnen zu bleiben,
ihnen ab und zu zu schreiben.
Werf' die Schlüssel nicht weit weg,
doch vor Neuem nicht erschreck'.
Darfst nie zu viel erhoffen,
doch halt' die Tür ein bisschen offen.

Delfine,
Götter des Meeres.
Leicht wie Federn,
selten wie Holz der Zedern.
Schön wie Elfen,
die einem in der Not gut helfen.
Bewundere diese Pracht,
wer hat sie wohl vollbracht?

Gib nie auf,
das Leben nimmt seinen Lauf.
Musst an dich glauben,
nicht in Gedanken schrauben.
Sieh' nach vorn,
im Sommer das leuchtende Korn.
Bin immer für dich da,
ich hoff' das ist dir klar.

Ganz allein,
im Sonnenschein.
In dem Duft der Blumen liegen,
triste Gedanken im Kopf aussieben.
An große Abenteuer denken,
dir selbst Aufmerksamkeit schenken.
Den Sommertag genießen,
ohne Tränen zu vergießen,
einfach mal die Augen schließen.

Schmetterlinge im Bauch,
Freude immer ein Hauch.
Achtsamkeit ist gefragt,
auch wenn der Zweifel nagt.

Der Augenblick der geht,
doch die Erinnerung, die steht.
Entweder man kaputt dran geht,
oder aber lebt.
Kann Zeiten genießen,
oder Tränen vergießen.
Zieht eine Lehre draus,
denn man lernt nie aus.

Der Blütenduft,
liegt in der Luft.
Bunte Blüten,
Gummibärchen in den Tüten.
Die Sonnenstrahlen,
die am Himmel prahlen.
Vergiss die Zeit,
in die Traumwelt gleit'.
Kräfte tanken,
für den Tag mich bedanken.

In uns brennt die Liebe,
sie wird teils Opfer der Diebe.
Spricht mal lauter mal leiser,
sie wird nie heiser.
Sie gibt Kraft,
sodass man mit ihr alles schafft.
Hatte Höhen und auch Tiefen,
wenn Tränen aus den Augen liefen.
Die Liebe hat sie weggewischt,
die, die zuletzt erst erlischt.

Und die Tränen laufen über mein Gesicht,
ich fühl' und seh' kein Licht.
Es ist dunkel draußen in der Welt,
bleibt nur für Sekunden wenn es sich
aufhellt.
Draußen weint der Regen mit mir,
und das alles wegen dir.
Es ist leer und nur zerbrochene Stücke,
in meinem Herzen ist eine so große
Lücke.
Die Welt läuft verschwommen an mir
vorbei,
ich sag ein endgültiges Bye Bye.
Nächte lang so wach wie nie davor,
ich hör' die Musik von einem Trauerchor.
Es ist so hart zu kapieren,
die Verwirrung, es neu zu sortieren.
Kann die Welt nicht mehr verstehen,
muss auf meinem Weg doch weiter
gehen.

Hab' s geschafft,
jetzt kann werden gelacht.
Wenn es Spaß macht,
trotzdem gut bedacht.
Die Gedanken kontrollieren,
den Verstand nicht verlieren.
Bei dir bleiben, immer und überall,
andere auffangen im Fall.

Gefühle, hast du sie noch,
nein – sagst aber doch.
Hast du noch Gedanken daran,
der eigene Kopf wie ein Bann.
Kannst dir nicht entkommen,
deine Wünsche nicht vernommen.
Selbst gefangen in Trauer und in dir,
doch ich vertraue mir.
Das Leben oft komplizierter als gedacht,
es so oft selbst schwer gemacht.
Das Lachen wird vermisst,
solange du es nicht vergisst.
Du wirst irgendwann mal glücklich
werden,
wenn du aufhörst danach zu streben.

Ich schreibe,
wenn ich leide.
Wenn Frust mich killt,
wenn nur ein Gedicht mich stillt.
Ich nicht mehr weiter weiß,
ich werd' ganz leis'.
Ich aufhör' zu leben
nichts mehr zu geben.
Ich die Stunden verträume,
mein Leben versäume.
Ich keine Kraft mehr habe,
alles was passiert vergrabe.
Kein Leuchten in den Augen mehr,
sie dunkel sind und leer.
Kein Herzschlag mehr zu spüren,
keine Hoffnung mehr zum schüren.
Kein Blut in den Adern,
bei nichts mehr lang hadern.
Keine Wärme in den Händen,
keine Liebe mehr versenden.
Keine Tränen mehr vergießen,
mit allem trostlos abschließen.

Glücksgefühle bis obenhin,
in einer guten Phase mitten drin.
Das Blatt wendet sich zum Guten,
kann vieles nur vermuten.
Sicher bin ich mir jetzt,
wird nicht mehr geglaubt und geschätzt.
Laufe lächelnd durch die Welt,
male sie bunt – wie es mir gefällt.

Hell die Lichter der Laternen,
viel schöner das Strahlen der Sterne.
Musik erklingt von irgendwoher,
dann legt sich die Nacht nieder und wird
ganz schwer.
Der Mond scheint hell am Horizont,
heller als die Sterne zeigt er sich gekonnt.
Wird kälter und ruhig in der Nacht,
das Verstummen wenn keiner mehr
lacht.
Wenn der Schnee schwer zu Boden fällt,
ein Kind das erste Päckchen hält.
Ehe man sich versah',
war Heiligabend da.

Das Getummel in der Stadt,
haben viele Menschen satt.
Musik hören sie alle,
Kommuikation fehlt hier in jedem Falle.
Haben aufgehört zu sprechen,
müssen diese Stille brechen.
In der U – Bahn ist jeder stumm,
nichts zu sagen ist doch dumm.
Sozialkontakte schließen,
pflegen wie Blumen gießen.
Große Stadt und viele Leute,
doch das Gespräch das fehlt uns heute.

Glück und Strahlen im Gesicht,
den Erfolg – das dacht' ich nicht.
So viel Arbeit dahinter steckt,
Motivation jeden Zweifel abdeckt.
Weitermachen, weiter kämpfen für den Traum,
so nah dran ich glaub es kaum.
Die Zeit meines Lebens beginnt jetzt,
Freude wenn jemand meine Arbeit schätzt.
Erreiche bald das Ziel was ich hab mir vorgenommen,
Jemand hat meinen Wunsch vernommen.

Der Zeiger dreht seine Runden,
Stunden für Stunden.
Zeit vergeht und bleibt nicht lang,
einen Moment mit dem Gedächtnis fang'.
Kann nichts zurück drehen,
Schritt für Schritt weiter gehen.
Nimmt sich keiner Zeit für sich,
die Zeit – sie killt dich.

Ich sitze hier und suche weiter,
nach wie vor bin ich heiter.
Wird mein Traum noch was?
Ich werd' weiter machen ist doch klar.
Die perfekte Idee die fehlt,
die Lyrik meine Freizeit stehlt.

Voller Hoffnung bin,
Gipfel meiner Träume erklimm'.
Ich weiter schreib',
ganz voller Ehrgeiz bleib'.

Schreibe über Liebe und Trauer,
wenn ich fröhlich bin oder sauer.
Meine Gedanken los werden und nichts sagen,
still und leise leiden, nichts fragen.
Ist so oft zu viel im Leben,
will gar nichts mehr geben.
Will nicht mehr nach Liebe streben,
alles und jeder ist vergeben.
Bin allein und werde es bleiben,
das Gefühl von Leere – nicht zu beschreiben.
Alles vergeht auch wenn du es nicht glaubst,
mir nur als Gedicht jeden Gedanken raubst.

Mischung aus Glück und Zufriedenheit,
keine Spur von Trauer oder
Vergesslichkeit.
Das Leben auf die Reihe bringen,
deinen Alltag bestimmen.
Mit Lächeln den Tag beginnen,
das Lieblingslied für dich singen.
Die Stimmung nicht vermiesen,
jeden Tag wie eine Party genießen.
Leben, lachen, tanzen, küssen,
nie wieder in die Vergangenheit müssen.
Jetzt und hier stehen und atmen,
Begründung nicht suchen und nicht
finden.
Adrenalin im Blut rasend durch' s Herz,
verspür' plötzlich keinen Schmerz.
Nur Sekunden lang,
danach verspür' ich Drang.

Eine wie eine Sommernacht,
hier draußen an den Gleisen verbracht.
Gedanken frei gelassen,
will keinen lieben oder hassen.
Bin leer,
fühlt sich an so schwer.
Wollte mehr,
du fehlst mir sehr.
Hab geschwiegen die ganze Zeit,
für mich im Leisen leid'.
In den Sternenhimmel schauen,
Hoffnung aufbauen.
Sehen wie die Wolken lila aufgehen,
voll geladen dort oben stehen.
Gefüllt mit nächstem Regen,
jeder Sonnenstrahl ein Segen.
Lass' es hinter mir,
ein schönes Leben wünsch ich dir.
Könnt' schreiben bis zum Morgengrauen,
will mir meinen Tag nicht versauen.
Kannst du mir weg bleiben,
war doch so bescheiden.
Jetzt geh' und komm' nicht wieder,
bis ich schreib' mehr keine Lieder.

Hab so viele Gedanken in mir,
wegen dir lieg' ich wach.
Du bist dort und ich bin hier,
denk' an dich bei allem was ich mach.
Weiß nicht wie meine Gefühle zu dir stehen,
kann sie selbst nicht richtig deuten.
Will sie lieber klar und deutlich vor mir sehen.
Diese Sehnsucht was hat sie zu bedeuten?
Kann nicht damit umgehen was ich spür',
hab ein Lächeln im Gesicht wenn ich an dich denke.
Und mein Herz ist glücklich wenn ich dich berühr',
werd' verletzt wenn ich dir meine Liebe schenke.

Das Herz,
voll mit Schmerz.
Jedes mal schockiert,
erschrocken – dass man die Fassung
verliert.
Aber jetzt lebe ich weiter,
egal was du tust ich bleib' heiter.
Auch wenn ich mal scheiter,
ich bleib' mein Lebensleiter.
Du kannst mir nichts mehr nehmen,
kannst zuschauen und dich zurück
lehnen.
Sitzt am Rand,
hast mich nicht mehr an der Hand.
Machst mich nicht mehr klein,
dieses Mädchen werd' ich nicht mehr
sein.
Schau' mich ruhig so an,
an den guten Menschen – da glaub' ich
nicht dran.
Ich mein Leben jetzt leb',
meinen Traum anstreb'.

Die Nacht sich nieder legt,
man das letzte Korn auffegt.
Ein jedermann sich zu Bett begibt,
ein letztes mal am Tee noch nippt.
Im Haus die Lichter ausgehen,
draußen am Himmel die Sterne stehen.
Jeder macht die Augen zu,
man genießt die schöne Ruh' .

Die Uhr zeigt tiefe Nacht,
viel zu lange nach gedacht.
Still ist alles um mich rum,
ich sage nichts, ich bleibe stumm.
Neben' s Bett leg' ich Block und Stift.
Ein Schlag von Müdigkeit mich trifft.
Dunkel ist es jetzt,
mich in den tiefen Schlaf versetzt.
Bis zum nächsten Morgengrauen,
lass' ich mir meine Träume nicht
versauen.

Hab' oft an dich gedacht,
mir Gedanken über uns gemacht.
Ein Feuer du entfachst,
wenn du nur ein kleines bisschen lachst.
Geb' das Lächeln niemals auf,
vor guter Laune nicht davon lauf'.
Hast das Recht du selbst zu sein,
nicht nur Haut und Schein.
Das Leben – es ist lebenswert,
zu genießen ist auch nie verkehrt.

Sitz' die Nächte lang hier draußen,
lass' die Gedanken hin und her sausen.
Viele Gefühle tief in mir hausen,
nur selten ganz stark aufbrausen.
Oft verlier' ich mich,
doch dann hab ich dich.
Viele wie ich vergessen sich,
ich mich immer kenne – innerlich.
Fehler werden mal gemacht,
danach kann wieder werden gelacht.
Beim nächsten mal dran gedacht,
eine Lehre dann vollbracht.

Ganz normal wie ich dachte,
mein Leben so viel schöner machte.
Warst doch besonders für mich,
ich ließ gehen dich.
Ich hab dich nicht gesehen,
muss ich mir eingestehen.
Die Farbe fehlt in meiner Welt,
grau und leise dargestellt.
Wirst nicht mehr zurück kommen,
diese Nachricht hab ich vernommen.
Guter Freund mach' s gut,
dich zu meinem Leben einlud' .
Getrennte Wege gehen jetzt,
so wird niemand mehr verletzt.

Musik in meinen Ohren,
mich in Gedanken verloren.
Ich in die Leere starre,
an meinem Platz verharre.
Mit wippen des Beats,
mit summen den Text des Lieds.
Ein Lächeln entsteht,
die schlechte Zeit vergeht.
Genieße den Moment,
bleibt für immer – wie man denkt.
Das Leben gut meistern,
manchmal an den Gedanken scheitern.

Narben vergehen nicht,
aber es gibt Menschen die geben dir Licht.
Sie wird man immer sehen,
doch der Schmerz der wird vergehen.
Bald wirst du sie nicht mehr spüren,
nur ab und zu einen Finger drüber führen.
Wirst dich daran erinnern,
keine Tränen mehr in den Augen schimmern.
Wird zu dir gehören,
dich nicht weiter stören.
Narben als Zeichen für' s Leben,
dass du hast alles gegeben.

Stellst mein Herz auf den Kopf,
bist du der Deckel zu meinem Topf?
Voller Glück wenn du vor mir stehst,
voller Sehnen wenn du gehst.
Bitte bleib',
mit mir mein Leben schreib'.
Danke für jeden Atemzug mit dir in
Gedanken,
mein Lächeln kennt hier keine
Schranken.

Hoffnung immer wieder,
ich knie nieder.
In meinem Herzen wie ein Stich,
wenn ich sehe dich.
Bist nicht das wofür du dich hälst gern',
Menschlichkeit ist weit weg und fern.
Tränen sind geflossen,
mit Wörtern umher geschossen.

Die Leute stumm,
sind alle denn so dumm?
Keiner redet mehr so los,
alle wollen sein so groß.
Geht wieder nur um Macht,
das Leben für alle eine Schlacht.
Manche es besonders machen,
dann kann man jeden Tag noch lachen.
Selten Menschlichkeit,
Lebensfreude Seltenheit.
Was treibt dich an am Morgen,
alle haben nur noch Sorgen.
Für alle eine Qual,
fällt eine Träne jedes Mal.

Freude steht mir ins Gesicht geschrieben,
Wille ist immer da geblieben.
Gekämpft für das was ich wollte,
nicht immer das getan was ich sollte.
Hatte meinen eigenen Kopf schon immer,
wurde aber nicht mehr schlimmer.
Hab den Ehrgeiz nie ganz verloren,
will es schaffen - hab es mir geschworen.
Der Traum geht in Erfüllung bald schon,
ich bald vor meinem Buche thron.
Glück ist untertrieben,
Könnte nichts mehr als das Dichten
lieben.

Freundschaft ist wichtig für dich,
aber auch für mich.
Kann nichts wertvoller sein,
ich würd' sagen ich bin dein.
Lachen, tanzen, leben,
dafür würd' ich alles geben.
Keiner kann mir meine Freunde nehmen,
kann Kritik meist nur von ihnen gut
aufnhemen.
Sind die besten, die ich haben kann,
ich verlass' sie nie denn dann.
Kann ich einpacken,
kann ohne sie nur versacken.